Feliç i amb Estalvis

Tots podem ser feliços i tenir estalvis, només hem de saber a on enfocar la nostra atenció i tenir un motiu per estalviar.

Omar El Bachiri va néixer el 5 de gener de 1977 al Marroc, en un petit poble de la província de Nador. Als dos anys d'edat, va anar a viure amb la seva família al Principat d'Andorra. Actualment segueix residint al mateix país. És llicenciat en Psicologia clínica per la UNED. La seva gran passió és viatjar i procura practicar esport diàriament.

Omar El Bachiri

Feliç i amb Estalvis

Llibre traduït al francès i a l'anglès, amb milers d'exemplars venuts en varis països del món.

La guia per saber cóm ser feliç amb el que ja posseeixes i aprendre a estalviar.

Adquiriràs l'hàbit de somriure cada dia i estalviar una part dels teus ingressos.

Escrit i editat per Omar El Bachiri

Tots els drets reservats. Queda rigorosament prohibida la reproducció parcial o total d'aquesta obra per qualsevol mitjà o procediment, ja sigui electrònic o mecànic sense el permís previ i per escrit del titular del copyright, sota les sancions establertes per les lleis.

2016 Omar El Bachiri El Boudouhi Copyright ©,

ISBN: 978-99920-3-120-9
Dipòsit legal: AND.555-2016

Títol original: Feliz y con Ahorros

Primera edició: Desembre 2016
Segona edició: Agost 2022

Correcció i traducció: Bego Blanco

Índex:

1. Agraïments.   P.09
2. Pròleg.   P.10
3. Observacions sobre les dues riqueses   P.15
4. Les necessitats bàsiques per sobreviure.   P.17
5. La vida és canviant.   P.18
6. Bo o dolent, depèn de com ho vegis.   P.19
7. Optimista intel·ligent.   P.20
8. Aprofitar els mals moments.   P.21
9. Per a què treballes?   P.22
10. Els motius de discussió.   P.23
11. El temps i els diners.   P.24
12. La importància de la feina.   P.26
13. El cas dels tres germans.   P.27
14. El problema del Joan.   P.29
15. La relació entre els diners i la felicitat.   P.31
16. Jutja't pel que ets capaç de crear.   P.34
17. Els artistes.   P.35
18. Les actituds positives i les actituds proactives.   P.36
19. Pensar en preferiria i no en hauria.   P.39
20. No és la situació ni l'adversitat el problema.   P.40
21. El model del semàfor.   P.41
22. Els tres passos per apreciar la teva feina.   P.43
23. La importància de l'estalvi.   P.44
24. Els simples hàbits per arribar a la vellesa.   P.45
25. Estalvia sempre el 20% dels teus guanys.   P.46
26. Intel·ligència financera.   P.49
27. Els tres hàbits per tenir sempre diners.   P.51
28. Els bancs.   P.52
29. Alguns avantatges de les targes de crèdit.   P.54
30. Assabenta't en què i comes gasten els diners.   P.55

31. No et sentis avergonyit de la teva economia. P.60
32. Les compres. P.61
33. Actius i passius. P.62
34. Mentalitat de pobre i mentalitat de ric. P.63
35. Estalviar i invertir no és el mateix. P.65
36. El Futbolista. P.67
37. El transeünt i l'explorador. P.67
38. Deutes bons i deutes dolents. P.68
39. Com pagar diversos deutes alhora. P.70
40. La felicitat. P.72
41. Somriure. P.75
42. Somriure davant el mirall. P.75
43. L'aprenentatge. P.75
44. Assumeix responsabilitats. P.76
45. L'ensenyança a la escola. P.78
46. No apegar-se a les coses materials. P.80
47. Por a la mort. P.80
48. El cas de l'Òscar. P.82
49. Viure sent un mateix. P.83
50. Aconseguir els objectius. P.83
51. L'oci. P.88
52. Aparentar. P.90
53. Recopilatori de frases motivadores. P.92
54. Psicología inversa. P.98

Agraïments: Ja que em seria impossible esmentar-los a tots, agraeixo als amics que de forma directa o indirecta han contribuït al resultat del llibre. En particular al **Tano** i a la **Bego**, per les nostres innumerables converses sobre els temes tractats en ell i que em van motivar a escriure'l.

També vull agrair a **la llibreria del Centre Comercial River**, per haver confiat en el meu llibre i haver estat la primera en vendre'l a nivell nacional. A partir de llavors, el meu nom va començar a sortir als mitjans de comunicació i tot va resultar més senzill.

I per finalitzar, vull agrair als clients del **Bar Lugo**, bressol de les meves teories sobre la felicitat. Són tan optimistes i alegres, que m'inspiro en la seva manera de percebre i d'interpretar la vida.

Pròleg

La relació entre els diners i la felicitat és un tema que sempre m'ha intrigat. No entenia com podia haver gent rica i infeliç. Tenint diners, cotxes, viatges, propietats, total, l'indispensable per ser feliços.

Que estiguin tristos de tant en tant, ho entenc. També són humans. Però infeliços? no ho concebia. Com és un tema que m'interessa molt, he investigat sobre això i he tret les meves conclusions.

Ha estat un treball de diversos anys d'investigació. Parlant amb gent de diferents llocs del món i de classes socials diverses, des de milionaris fins a rodamóns. Viatjant per varis continents, països, ciutats i pobles.

Les escriuré en aquest llibre i espero que siguin del teu grat. Una vegada llegit, espero que ho comprenguis tan bé com jo i relativitzis la teva vida, ja que la relativització de les situacions possibilita que les gaudim al màxim.

Vull avisar-te estimat lector, que aquest llibre et defraudarà si confies trobar en ell alguna cosa realment innovadora.

No estic tractant d'inventar cap teoria o fórmula que et faci canviar la teva forma de ser. Tampoc et farà feliç i estalviador de la nit al dia.

Si vols veure aquest canvi hauràs d'implicar-te. Esmento com tenir estalvis, no com ser milionari.

T'explicaré els motius de l'estalvi, com estalviar sense haver de desistir en l'intent i com ser feliç amb el que ja tens.

Depèn exclusivament de tu, el canvi que puguis arribar a realitzar, el que sí puc assegurar-te, és què, si segueixes les pautes que plasmo en el llibre, ho aconseguiràs.

El llibre va dirigit a tothom, però els que major profit en trauran són els que treballant tot l'any, no aconsegueixen estalviar res, un cop que aquests 'acaba i als que es queixen sense parar de la seva situació econòmica i/o familiar.

Espero i desitjo de tot cor que la lectura de "**Feliç i amb Estalvis**" t'ajudi a portar la vida que desitges i a sentir-te realment feliç.

Es desenvolupa en dos parts diferenciades, amb diversos capítols independents, però el tema de l'estalvi els relaciona tots. Considero que és un tema molt important si es vol gaudir de la vida desitjada.

Primera part

Observacions sobre la riquesa econòmica i el benestar:

De tant en quant ens hem de comparar amb els altres, per veure com estem en la nostra vida, ja sigui a nivell econòmic o sentimental.

Però hem de fer-ho en diferents mitjans socials, no només amb els del nostre entorn.

S'ha de fer amb gent que guanyi la mateixa quantitat de diners que nosaltres, gent que guanyi més i que guanyi menys. D'aquesta manera, podrem observar com s'enfronten a la vida i treure'n conclusions en relació a nosaltres mateixos i la millor manera de fer-ho, és viatjant.

Per diversos països, ciutats i pobles. Si pel motiu que sigui, no pots viatjar al estranger, no passa res. Viatja pel teu país, recorre llocs diferents i informa't del nivell de vida d'aquests llocs.

Quantes hores treballa la gent al dia i quant guanya mensualment. En què es gasten els diners, la seva manera de veure la vida i com la viuen.

Perquè podem ser rics econòmicament, però pobres en benestar, del que es tracta, és de ser ric i feliç. Amb una mica de voluntat i esforç es poden unir ambdós conceptes.

La riquesa econòmica:

Es calcula en temps i no en valor absolut com es tendeix a pensar.

Deixant de treballar ara mateix, quants dies series capaç de mantenir-te portant el mateix nivell de vida? una setmana, un mes, anys?

Hi ha persones que semblen riques perquè tenen moltes possessions, però si deixen de treballar només dues setmanes, s'arruïnen. Són persones que tenen més despeses que ingressos. Però, n'hi ha d'altres que podrien estar anys sense treballar. Més endavant profunditzo en aquest tema.

El benestar:

Per tenir benestar hem de saber, quines necessitats són bàsiques per sobreviure i quines són simplement per plaer, també necessàries, però no imprescindibles.

En saber distingir-les està el benestar.

Per assaborir-lo s'ha de celebrar qualsevol esdeveniment que ens faci sentir bé i sobretot, el que ens hagi suposat un esforç.

Pot ser, aprovar un examen, haver reduït la factura de la llum, la factura del telèfon, perdre pes, etc.

Mai deixis de gaudir el que has assolit, perquè tinguis una situació adversa. Si ho fas, t'enfocaràs en les coses negatives i deixaràs de costat les coses positives. No té sentit aconseguir els teus objectius a la vida, si quan els has d'assaborir, enfoques la teva atenció en les coses negatives que t'envolten. Has hagut d'esforçar-te i la teva recompensa és poder gaudir-ho i assaborir-ho. Alegra't d'haver aconseguit els teus objectius.

> Mai infravaloris el que has aconseguit.

Les necessitats bàsiques per sobreviure són dues: La nutrició, (menjar i beguda) i l'allotjament.

Tenint aquestes cobertes, anirem en busca de les altres, com poden ser: les de seguretat, amor, socials i autorealització.

Tots busquem cobrir aquestes necessitats bàsiques. Ja a la prehistòria, l'home de les cavernes anava a caçar per menjar i en busca d'una cova a on poder refugiar-se i sentir-se segur.
A partir d'aquí, buscava relacionar-se amb més gent, trobar una parella per procrear i formar una família. Curiosament el país amb el nivell de felicitat més alt del món és Bhutan i no Alemanya o Estats Units, com es podria pensar.

És un país situat al sud d'Àsia, als peus de l'extrem est de l'Himàlaia, considerat del tercer món. Mentre que els models econòmics convencionals utilitzen el Producte Intern Brut (PIB), per observar el creixement econòmic com a objectiu principal, el govern d'aquest país utilitza el concepte de (FBN), Felicitat Interna Bruta.

Es basa en la premissa que el veritable desenvolupament de la societat humana es troba en la complementació i reforç mutu del desenvolupament material i espiritual.

El seu objectiu és intensificar el benestar humà a partir de la garantia de certs drets i paràmetres socials i no promoure tant la persecució de bens materials. Són conscients que les coses materials són necessàries per portar una vida més confortable, però no s'obsessionen en adquirir-les.

La vida és canviant, està en continu moviment:

No hem d'oblidar mai que el món és canviant, encara que una situació sembli immòbil, en realitat, no ho és. Un simple canvi a la vida d'algú del teu entorn pot desestabilitzar tot el teu món.

Així què, per molt bé o molt malament que et vagi a la vida, és temporal. Si és bo, aprèn i gaudeix i si és dolent, aprèn i tingues paciència. Per molts problemes que puguis tenir, no saps si la persona amb la que tinguis algun problema, aquell dia, s'ha aixecat de bon humor pel motiu que sigui i arregla l'assumpte amb tu. A més, el que avui és un problema, demà potser ja no ho serà i passa a ser una anècdota.

> Un simple canvi en la teva vida pot desestabilitzar tot el teu entorn.

Bo o dolent, depèn de cóm ho vegis. Pot ser un problema o no:

Hi havia un noi a l'aeroport esperant a que arribés l'hora de embarcar per pujar a l'avió i marxar de vacances. Uns minuts abans de l'embarcament l'avisen de que el seu vol s'ha cancel·lat i sortirà al dia següent.

- El noi truca per telèfon als seus pares per informar-los i aquests li diuen:
- Quina mala sort, i el noi els hi respon: mala o bona, qui sap?
- Al dia següent la companyia aèria decideix compensar-lo, assumint totes les despeses que pugui tenir durant les seves vacances, i els seus pares li diuen:
- Quina bona sort i el noi els hi torna a contestar: bona o dolenta, qui sap?
- Després d'arribar a l'hotel i descansar, tenia una excursió programada, però decideix no anar-hi, ja que al pagar les seves despeses la companyia aèria, decideix agafar una altra millor.

L'autobús de l'excursió va tenir un accident i tothom va resultar ferit i van haver de ser ingressats a l'hospital. Una altra vegada li van dir, quina bona sort que vas canviar d'idea i així podríem seguir tot el llibre.

> La sort depèn del punt de vista en què la interpretis, pot ser bona o dolenta.

Sempre hem de ser agraïts, simplement per estar vius, respirar i de viure al nomenat primer món.

Això ens portarà a ser optimistes. Però optimistes intel·ligents.

Optimista intel·ligent:

És a dir, no pensar simplement, seré optimista i tot m'anirà bé. L'optimisme intel·ligent, està vinculat amb la proactivitat.

No és pensar que tot està bé, encara que tot estigui malament, no és negar la realitat. És acceptar-la tal i com és, però pensant que es pot modificar, que amb una mica d'esforç es pot canviar la situació.

No quedar-se quiet esperant a que passi la vida fins a trobar la bona ocasió. S'ha de fer que les coses succeeixin i anar a buscar-les. La bona ocasió hem de crear-la, enfocar-nos en les coses meravelloses que ens ofereix la vida i esprémer-les al màxim.

Essent agraïts, ens queixarem en la justa mesura, quan vegem una situació injusta i vulguem millorar-la.

Si no actues, no et queixis. No serveix de res. La part contrària si no veu una actuació, no es sentirà amenaçada i no canviarà.

> Queixar-se i no actuar crea mal ambient en l'entorn.

Aprofitar els mals moments:

Els mals moments també tenen la seva raó de ser. Quan s'està passant per un mal moment, la gent està més per nosaltres. Ens mimen i cuiden perquè ens millorem i a més, un fa coses que mai faria en un altre estat.

Amb la qual cosa, aprendre noves formes de comportament i experiències. També hem d'assaborir la tristesa, però sense recrear-se en ella.

Recorda quan estàs trist: Veus pel·lícules melangioses, llegeixes llibres d'amor, escoltes música lenta. Aquests actes, els faries si no estiguessis trist? Veuries pel·lícules d'acció, còmiques i llegiries llibres d'aventures.

Així doncs, és bo i saludable tenir emocions negatives, hem de saber distingir-les per reconèixer-les. Mai les reprimeixis, deixa que surtin, en la justa mesura. Estan per avisar-nos de que alguna cosa no va bé. Quan passem per una mala situació, ens sentim tristos i abatuts, és normal, som humans.

La qüestió aquí és aturar-se a pensar:

Què es pot fer per superar aquesta situació?
Per a què ha succeït? i buscar la part bona, que és la que ens beneficiarà.

Tota causa té una part negativa i altra positiva, enfoquem-nos en la positiva.

Abans de continuar et convido a que responguis a aquestes preguntes:

- Per a què treballes?
- Què faràs amb els diners que guanyes? Si només vols cobrir les teves necessitats bàsiques, no et faran falta gaires.
- Pera què vols guanyar més diners a base de treballar més dur, d'intercanviar temps per diners?

El temps és l'única cosa que no es recupera una vegada perdut, ja sigui regalat o venut. Per això ens paguen per intercanviar-lo, és un bescanvi de favors. Jo faig alguna cosa per tu i tu em dónes diners.

Aprecia a qui et dedica el seu temps, t'està donant el més valuós de la seva vida.

En quant als diners, és com l'energia, no es destrueix, sinó, que es transforma. Va passant de mà en mà.
Unes vegades es transforma en una cosa material, com pot ser un cotxe, una casa, més diners i altres vegades en coses subjectives com el benestar. Aquesta transformació és la realment important, ja que els diners són un mitjà per cobrir les nostres necessitats bàsiques.

En quant a aquestes necessitats, li segueix una molt de prop, que és veritablement important, l'amor. L'amor, entès no només com de parella, sinó, com de tenir a algú amb qui compartir moments, relacionar-se i poder expressar el que sentim en cada moment, sense por a ser jutjats per les nostres idees i pensaments. Si no es té aquesta última necessitat, es pot viure igual, però no tenir una vida plaent.

Per gaudir plenament s'ha de compartir.

Els dos motius de discussió:

En una parella o família només es discuteix per dos motius, la falta de diners i/o la falta d'amor. En quant un d'aquests dos entra per la porta, l'altre surt per la finestra.

Amb els diners, pots anar de vacances, sortir a sopar, comprar-li regals a la família i tenir un bon nivell de vida.
Amb l'amor, pots gaudir d'agradables converses, gaudir de la companyia dels teus fills, parella i amics. Quan estàs passant per un mal moment, tens en qui recolzar-te moralment.

Si falta un d'aquests, es trenca l'equilibri.

Hi ha d'haver una harmonia entre els diners i l'amor, treballar el suficient per tenir el necessari. Perquè encara que els diners no siguin el més important del món, tenen relació directa amb el que sí ho és, les necessitats bàsiques i les de plaer.

Amb les bàsiques ja som feliços, però si podem aconseguir les de plaer, tindrem una vida encara més plaent.

Treballar el suficient per tenir el necessari.

Com ja he esmentat anteriorment, el temps és el més valuós que tenim els éssers humans:

Un malalt en estat terminal donaria el que fos per tenir una mica més de temps.
Si no esteu convençuts del que dic, proveu d'anar a l'hospital a visitar a les persones que estan en aquesta fase i passeu temps amb elles.

Escolteu el que us han de dir, la majoria opina que el temps és molt valuós. Qui millor que elles per valorar-ho?
En aquesta vida només et penediràs del que no facis, d'haver deixat escapar tantes oportunitats d'haver fet el que realment t'agrada.

El temps i els diners:

L'Anna, és una dona de 35 anys, és economista i treballa per a una reconeguda firma de vendes per Internet, està feliçment casada i amb dos fills.

Treballa tots els dies, caps de setmana inclosos. El seu objectiu és aconseguir un milió d'euros per portar la vida desitjada i poder passar més temps amb els seus. Quan el seu marit, fills o amics li proposen d'anar al cinema o a prendre alguna cosa, sempre els hi contesta que ara no pot, que ha d'aconseguir aquest milió per poder després dedicar-se a ells.

L'Anna, ara que ja té 55 anys ha aconseguit el seu preuat milió d'euros, però els seus amics ja no la truquen per quedar, el seu marit l'ha deixat i els seus fills ja són independents.

Un bon dia sona el timbre de casa seva i obre la porta, davant seu té un ésser vestit de negre i somrient.

- Hola, li diu. Sóc la mort i vinc a buscar-te, ha arribat la teva hora.
- Ella, tota sorpresa, li respon, - no. No pots emportar-me amb tu. Ara tinc el milió d'euros i puc fer el que vull. Farem un tracte, li diu, et dono deu mil euros si em dónes dos anys més de vida.
- No, li contesta la mort.
- Bé, cent mil euros, li torna a proposar l'Anna.
- La mort segueix sense cedir un segon.
- Doncs mig milió per un mes de vida.
- Essent negativa una altra vegada la resposta de la mort.
- Desesperada, li proposa donar-li el milió d'euros per uns segons més de vida, per poder acomiadar-se dels seus éssers estimats, tornant a respondre la mort que no.
- T'ha arribat l'hora i véns amb mi, ho sento.

Moral de la història: Ni tan sols un milió d'euros poden comprar un segon de temps. La vida és el que passa mentre la planifiquem.

Si no saps quant de temps estaràs viu, actua i gaudeix dels plaers que aquesta t'ofereix.

La vida és un regal, no la desaprofitis.

La importància de la feina:

En quant a la persona, si la prenem individualment, aquest és el tercer motiu de discussió. Si falla un dels tres, la persona està a disgust.

Quan acceptem una feina ens hem de respondre a aquestes tres preguntes:

L'accepto:

- Pels diners que guanyaré?
- Pel temps que em quedarà lliure?
- Perquè m'agrada?

En quant sapiguem la resposta adequada, sabrem com enfocar la nostra actitud en vers aquesta feina.

Si l'acceptem pel sou, el més probable és que amb el temps ens sentim frustrats i més, si per causes alienes a nosaltres, ens ho redueixen. Llavors hem d'enfocar-la com a una font d'ingressos que ens permet portar la vida que desitgem una vegada finalitzada la jornada laboral.

Si s'accepta pel temps que ens queda lliure, passa el mateix que en l'anterior situació. L'enfocarem al que puguem gaudir una vegada finalitzada la jornada laboral. Però al contrari del cas anterior, al no dependre tant de l'ingrés, es gaudeix més, ja què, encara que ens redueixin el salari, estarem contents ja que el nostre objectiu és el temps d'oci.

Si s'accepta perquè ens agrada, ens ha tocat la loteria.

En aquest cas, no hi haurà cap problema per anar a treballar. Encara que ens redueixin el salari, sempre que cobrim les necessitats bàsiques i ens quedi temps per a l'oci, ens sentirem realitzats.

Tot depèn del motiu, del que estem buscant en aquell moment de la nostra vida.

Per això no hem de tancar portes a d'altres feines, altres maneres d'adquirir ingressos, ja que en cada etapa de la vida busquem coses diferents. Quant més s'aprèn de cada feina i situació, millor.

Mai se sap si d'ella sortirà una bona font d'ingressos.

El cas dels tres germans:

El Carles, el Jaume i la Carme.

Els tres treballen a la mateixa fàbrica d'alumini. El Carles és el major amb 39 anys, el Jaume el del mig amb 37 i la Carme la menor amb 35 anys.

Tots porten el mateix temps a la fàbrica, 8 anys. El Carles, va entrar pel sou, el Jaume, pel temps lliure i la Carme, perquè li agradava, ja que va fer un FP de manipulació de l'alumini i se sentia realitzada.

Per causes alienes a ells, sobretot per la crisi, els hi redueixen el sou un 20%.

Pel Carles, el motiu són els diners, ja porta un temps fart de la feina i a sobre li abaixen el sou, la feina no li agrada gens.

Fins ara anava aguantant, però a arrel d'endeutar-se, l'ingrés que rep ja no el satisfà, perquè tot just li queden diners, un cop ha pagat els deutes, se sent frustrat. Està atrapat en una feina que no el satisfà ni personal ni econòmicament.

Pel Jaume, el motiu és el temps lliure del que disposa, la feina tampoc és que li agradi gaire. Però, com té molts dies lliures i uns horaris flexibles, pot viatjar, fer esport i estudiar una carrera a distància. Aquesta és la seva principal motivació per a continuar allà. Encara que li hagin abaixat el sou, aquest encara li arriba per portar la vida que desitja.

Per a la Carme, el motiu és que li agrada, ella és la més afortunada. Va a treballar en el que realment li agrada, ha convertit la seva feina en un hobby.

Encara que li hagin abaixat el sou se sent realitzada i està segura de que quan la situació millori, li tornaran a apujar i si no, quan ascendeixi de càrrec ja cobrarà més. Perquè com li agrada la seva feina, s'esforça i aprèn cada dia més, no només fa el mínim per passar les 8 hores. Vol arribar a ser la directora.

D'entre els tres casos, la millor situació seria la de tenir una mica de cadascuna. Un bon sou, temps lliure i que ens agradi. D'aquí les tres preguntes anteriors.

> Fes de la feina una passió i no una necessitat.

El problema del Joan, no relativitza la seva vida:

El Joan podria ser qualsevol dels que esteu llegint el llibre. Encara que li he posat un nom masculí, que ningú es desorienti, també podria ser una dona i dir-se Maria.

Joan: Tinc un problema i porto donant-li voltes al assumpte uns quants dies.

Tot va començar fa unes setmanes, quan em vaig trobar amb el Pere, el meu amic de la infància. Feia 10 anys que no ens vèiem, just des que em vaig anar a estudiar la carrera a Suïssa.

Vam començar a parlar sobre la vida, com ens anava i el que havíem fet durant aquests anys i aquí em va venir el dubte.

Durant tota l'estona que vam estar parlant, no va parar de somriure, em va explicar el bé que li va la vida. Treballa a la fàbrica de cartrons del barri, no és que li entusiasmi gaire, però, com el taller en el que treballava va tancar, només va trobar aquest lloc de treball. No li paguen gaire, però li arriba per pagar els deutes que ha contret amb el banc, ja que va demanar un préstec per comprar els mobles del pis en el que vivia, un cotxe, pagar-se els estudis i encara li queda una mica per sortir a prendre alguna cosa amb els amics o al cinema amb la seva xicota.

Està estudiant dret a la universitat, de nit i ha hagut de tornar a viure amb els seus pares, perquè no li arriba per pagar el lloguer. Se sent molt feliç amb la vida que porta i es considera exitós, perquè sempre havia volgut estudiar dret i ho ha aconseguit.

Ara t'explico el meu problema:

Tinc 28 anys i fa 3 que vaig acabar els meus estudis de medecina.

Porto 2 treballant com a auxiliar a la clínica del meu pare, per guanyar experiència, ja que vull estudiar un màster en cirurgia plàstica. Em paga un sou de 2.000 euros mensuals, perquè tingui per les meves despeses. Tinc un cotxe nou, pis propi i parella. També em considero exitós.

Últimament treballo 12 hores diàries i gairebé no tinc temps per estar amb la meva xicota o amb els meus amics. Però és que haig de fer-ho, si vull obtenir aquest màster i que el meu pare estigui orgullós de mi.

Amb el temps em deixarà dirigir l'hospital, ja que es vol jubilar. Aquest és el meu somni, dirigir l'hospital. Tenint tot això, hauria de sentir-me bé, però és tot el contrari, em sento sol, trist, angoixat i buit. Quan em compro alguna cosa, poc temps després, ja no em satisfà i haig de comprar-me alguna cosa més. No entenc com el Pere tenint bastant menys que jo, és tan feliç i que se senti exitós?

Tranquil Joan, t'ensenyaré la relació entre els diners i la felicitat perquè puguis entendre per què el teu amic Pere és feliç i tu no.

La relació entre els diners i la felicitat:

És un fet molt curiós, perquè assolir cert nivell de vida, en el que arribar a final de mes ja no és un problema i les nostres veritables necessitats estan cobertes, guanyar més diners no ens fa més feliços.

Ens permet viure amb més confort i amb més comoditats, però res més. En canvi, la quantitat i qualitat de les relacions interpersonals, és un factor que s'associa a un major nivell de felicitat o el que és el mateix, un major benestar psicològic.

Com ja he esmentat abans, aquestes necessitats són:

1-Tenir per alimentar-se, (menjar i aigua).
2- Tenir un lloca on refugiar-se.

Una altra molt important una vegada cobertes aquestes dues, és tenir accés a la sanitat.

L'ésser humà, el que desitja és menjar i beure, tenir on descansar i quan emmalalteix, poder curar-se. Un cop tingui això cobert, anirà a per les altres necessitats, com poden ser l'amor,
l'amistat, una bona feina, millorar la qualitat de vida, etc..

T'ho resumeixo d'una manera senzilla perquè ho entenguis:

Quan tens gana i/o set i no pots satisfer-ho, no et poses de mal humor? Només busques satisfer aquesta necessitat i fins que no ho fas, no et sents a gust, veritat? i quan has menjat i/o begut, et dius a tu mateix: ah, què bé em sento!

Quan fa fred, plou, neva o fa molta calor, no desitges estar en algun lloc tranquil i segur on poder refugiar-te, esperant a que millori el temps?

Tenir un lloc on descansar després d'una jornada laboral on tinguis intimitat?

Quan et lesiones una mà, una cama, tens mal de cap, de queixals, d'estómac, etc.
T'agrada poder anar al metge i poder pagar el tractament, veritat?

Què passaria si no poguessis pagar-ho? Segurament perdries la mà o la cama o et moriries per una infecció bucal.

Doncs tenint aquestes necessitats cobertes ets la persona més feliç del planeta.

Un cop les tinguis cobertes ja pots anar a per les teves altres necessitats. Però no oblidis, que l'essencial per ser feliç ja ho tens. Si no arribes a aconseguir les altres, no t'has de frustrar i continua amb el teu afany, potser amb el temps puguis aconseguir-les.

En relació al teu amic Pere, ell sap que la felicitat està en l'interior d'un mateix i per això, no la busca fora.

Sap que té les necessitats bàsiques cobertes i per això és feliç, si li queden uns quants diners per a l'oci, ja li està bé i si no li en queden, no passa res.

El teu amic Pere té una actitud positiva, proactiva i és agraït. Aquestes actituds juntament amb les de l'estalvi, són les indispensables per viure en pau amb un mateix i tenir una vida plena.

El teu problema per a assolir la felicitat, està en el lloc a on enfoques l'atenció. Ho fas en el que et falta i ell, en el que té.

No has de ser perfecte per tenir una vida més rica i més feliç. Simplement has de ser agraït amb el que tens. No ho donis tot per fet.

No creguis que tot el que tens ho pots conservar per sempre, en qualsevol moment ho pots perdre. Agraeix que quan estàs a casa, només donant-li a l'interruptor tinguis llum, que li donis una volta a l'aixeta i surti aigua.

El dia que t'aixeques al matí i no hi ha llum, o hi ha un tall d'aigua i et quedes unes hores sense ella.
Oi, que et molesta?, doncs agraeix quan les tinguis. Tingues present que res és etern, així que mentre les tinguis, gaudeix-les.

Respecte a l'èxit, el mal interpretes. Aquest no et fa ser feliç, és a la inversa. Ser feliç et fa ser exitós. Perquè aprecies el que tens i el que et va costar aconseguir-ho, els sentiments que et va generar quan ho vas aconseguir.

> No deixis que les coses que vols, et facin oblidar les que ja tens.

Jutja't pel que ets capaç de crear i no per les teves possessions:

El que tens avui, demà potser ja no ho tindràs, en canvi, el que siguis capaç de crear sempre t'acompanyarà. Inverteix més diners en experiències que en adquirir objectes materials.

Quantes més experiències tinguis, de més temes podràs opinar i debatre amb els teus. La gent se sentirà a gust al teu voltant i et recordaran pel que ets i no pel que tens.

Els records els portaràs sempre amb tu, allà on estiguis, podràs recordar aquells moments tan especials o aquells moments en els que et senties tan bé i podràs reviure aquelles sensacions. Ningú te'ls podrà treure mai.

Hi ha gent que amb la seva simple presència revitalitzen qualsevol situació o lloc. Et poden treure un somriure simplement pel fet d'estar a prop de elles. Creen un ambient agradable, acollidor i distés. Desprenen una energia contagiosa

Si ets una persona que compra els amics, és a dir, que sempre pagues. Les cerveses al bar, quan aneu al cinema, o en qualsevol ocasió en que estiguin els diners pel mig, ets tu el que et fas càrrec de totes les despeses. Si algun dia et falten els diners, et quedaràs sol. Els teus amics s'han acostumat a que paguis sempre tu, t'associen a una font de diners. Quan la font s'asseca, ja no interessa.

Tot i així, si ets una persona que desprèn energia, et fas estimar pel bon ambient que crees, fas que la gent se senti a gust al teu costat, pagues de tant en quant, inverteixes en relacions

socials. Quan et trobes al teu mecànic pel carrer i el convides a prendre alguna cosa o a qualsevol altre conegut, sense necessitat de que sigui un amic. Estàs invertint en relacions socials.
Quan els necessitis a ells, pel motiu que sigui, t'atendran millor, s'implicaran més. Si algun dia et quedessis sense diners, els teus amics no et deixaran de costat, estan amb tu pel benestar que els hi aportes, no pels teus diners.

> Reuneix-te amb els teus éssers estimats al menys un cop per setmana.

Els artistes:

Aquestes persones són recordades per les seves obres, no per la seva fortuna.

Quan t'esmenten a alguna, immediatament et ve a la ment la seva obra. D'això es tracta, de crear. Crea la teva vida, no la compris.

Anteriorment et vaig esmentar les actituds positives i les actituds proactives, passo a explicar-te què són.

Les persones podem ser positives, proactives o reactives.

Les actituds reactives estan més relacionades amb la gent negativa i les altres dos actituds, estan més relacionades amb la gent positiva.

Les actituds positives i les actituds proactives:

Actituds Positives: tendència a veure i interpretar el que passa al nostre voltant de manera positiva o d'una manera favorable. Davant una situació conflictiva, es tendeix més a veure el positiu, sempre de manera realista. Les entén com a reptes per a afrontar i superar.

Fer front de manera positiva als impulsos emocionals i de conducta i regular-los. Ser conscient dels seus propis sentiments i dels sentiments dels altres. Mostrar empatia i comprendre els punts de vista dels demés. Utilitzar els dots socials positius a l'hora de relacionar-se amb els altres i el més important, plantejar-se objectius positius i traçar plans pera assolir-los. Sempre de manera realista, sap que a les situacions adverses hem de buscar-li el costat positiu.

Actituds Proactives: responsabilitat davant la seva vida, anteposen els valors als seus sentiments. Són tan feliços com ells volen, tenen autoregulació i responsabilitat per complir fites i objectius. Assumeixen el ple control de la seva conducta de manera activa.

El que implica la presa d'iniciativa en el desenvolupament d'accions creatives i audaces per generar millores, fent prevaler la llibertat d'elecció sobre les circumstàncies del context.

La proactivitat no significa només prendre la iniciativa, sinó, assumir la responsabilitat de fer que les coses succeeixin, decidir en cada moment el que volem fer i com ho farem.

Aprofitant que t'estic parlant de la gent proactiva, et parlaré de la gent reactiva.

Persones Reactives: són tot el contrari a les proactives. Una persona reactiva no té plans. Forma part del pla d'una altra persona. Creu que la seva situació no depèn dels seus actes i que només els altres podran canviar la seva situació.

Posterga, no avança, es manté on està com a conseqüència de tenir mancança d'objectius i estratègies. Es justifica per qualsevol cosa i no haver d'entrar en acció, per això deixa les coses a mitges, gairebé mai acaba el que comença.

El teu amic Pere està estudiant per a ser advocat, és la seva motivació per seguir treballant a la fàbrica. Agraeix tenir una feina, encara que no guanya gaire, però li arriba per pagar-se els estudis i els deutes que té amb el banc. Com ha anat a viure amb els seus pares, arribar a final de mes ja no és un problema. El Pere s'ha adaptat a la seva nova situació i dins del dolent, ha trobat el bo i s'aferra a això. Sap que és temporal i ja vindran temps millors.

La negativitat no aporta res de nou ni de bo.

Una persona optimista i proactiva, mai es pregunta:

Per què? Si no, que es pregunta, Per a què? succeeixen els fets, ja siguin positius o negatius.

Sap que depenen del prisma amb el què es vegin. Amb el simple fet de canviar aquesta pregunta s'obre el ventall de respostes.

El per què? et fa ser víctima i el per a què? t'obre portes a noves experiències.

A les preguntes de, per què?, sempre li segueixen respostes negatives: m'ho mereixo, sóc incompetent, sóc malastruc, sóc així, els altres són més llestos que jo, etc...

En canvi, a les preguntes de, pera què?, sempre li segueixen respostes positives: buscar la lliçó continguda en aquesta frustració, en aquesta pèrdua, en aquest dolor, haig de fer més, haig de centrar-me més en el que faig, aprendre altres maneres de comportament, ofereix l'oportunitat de millorar en la vida.

El per què? et fa ser víctima i el per a què? t'obre múltiples respostes positives.

Pensar en preferiria i no en hauria de:

Referent a les nostres exigències, hem de canviar la mentalitat de l'hauria de, per la del preferiria. Produeix menys frustració i control sobre les nostres emocions i ens fa més tolerants.

Una de les claus de la salut emocional, és practicar la tolerància a la frustració. És a dir, acceptar que el món no gira en la direcció que tu vols ni que les coses sempre sortiran com a tu t'agradaria. Es tracta de que acceptem que les coses a vegades ens seran favorables i altres no i que hem de tolerar aquestes incomoditats.

Aquesta és una realitat que molta gent es nega a acceptar i ho passen realment malament, i és per les seves creences irracionals sobre el món. Pensen en termes de, hauria de: "el món hauria de ser com jo vull" i quan això no es veu complert, se senten ansiosos o es deprimeixen.

L'hauria de, obliga a que una situació concreta, hagi de ser com vulguem, sense canvis possibles.

- Tothom m'ha de tractar bé, si no, m'enfado.
- Tot ha de ser d'aquesta manera, si no, no m'agrada.

En canvi, el preferiria, suavitza aquesta situació. Si no és com un vol, sempre es pot canviar i buscar una que s'adapti millor.

Pensant en preferiria, seria:

- Preferiria que tothom em tractés bé i si no, ja hi haurà algú que em tracti bé.
- Preferiria que tot fos d'aquesta manera i si no, ja buscaré la més adequada.
- Preferiria que el món fos així i si no, ja m'adaptaré a ell.

No és la situació ni l'adversitat, la que està provocant directament el teu malestar emocional:

Res ni ningú, té el poder sobre les nostres emocions, encara que creguem que sí, a no ser que li ho permetem. Quan algú ens diu alguna cosa i ens sentim ofesos o una situació ens produeix malestar, en realitat el que passa és que interpretem aquesta paraula o situació com una cosa dolenta i reaccionem en conseqüència. Amb les nostres creences i pensaments ens autogenerem el patiment.

Un cas típic seria: el meu patró em posa dels nervis.
Error, el teu patró no té el poder de posar-te dels nervis.

El que passa, és que el teu patró diu o fa alguna cosa i tu, amb les teves creences i pensaments analitzes la situació i et dius que no ho suportes. En aquest sentit, el model del SEMÀFOR et posa en ordre tots aquests conceptes i així veuràs clarament la relació entre pensaments i emocions.

Model del Semàfor:

● Vermell: pensa, en relació a l'emoció.

● Groc: atura't, hi ha una emoció.

● Verd: actua, en conseqüència a la interpretació de l'emoció.

El GROC, seria la situació activadora, l'adversitat o el problema. El VERMELL, serien els nostres pensaments i creences i el VERD, serien les conseqüències d'aquests pensaments. És a dir, com estem a nivell emocional i com ens comportem.

Resumint:

Vas pel carrer i et sorgeix una situació amb les seves emocions corresponents. Precaució estàs en GROC.

Atura't i analitza la situació, per a què ha passat?, és dolent o bo? Cóm et pot afectar? Estàs en VERMELL.

Actua, surts corrent? o pel contrari, no hi ha per tant i segueixes amb el teu ritme de marxa. Estàs en VERD. Som lliures de decidir com actuar.

Si algú t'està insultant en un idioma que no coneixes, ni t'immutaràs. Estàs fent cas omís a les seves paraules. És el

VERMELL, en el model abans descrit. Et posaràs en VERD i continuaràs el teu camí sense alterar-te.

Però quan li posem l'etiqueta d'irracionals, volem dir que no se sustenten en una lògica ni són realistes. És a dir, són pensaments que passen pel nostre cap de forma automàtica, sense que existeixi un procés de raonament que els qüestioni ni confronti amb la realitat. A conseqüència d'elles, les persones pateixen de manera exagerada i no actuen de la millor manera.

El problema d'aquestes creences és que, com el seu nom indica, la persona se les creu al peu de la lletra i no contempla altres plantejaments ni alternatives.

> Els altres no poden decidir sobre el nostre estat emocional. Poden influir, però no decidir.

Inventa la teva vida, participa en ella, dirigeix-la cap a on vulguis. No tinguis por d'equivocar-te, què pot passar, què aprenguis una lliçó? Perfecte, ja tindràs alguna cosa més per explicar.

Seguint amb el teu amic Pere, encara que la seva feina no li agradi gaire, sap que la vida és curta i fugaç.

Una tercera part d'ella, la hi passa dormint per poder gaudir de les altres dues, però una d'aquestes la hi passa treballant. És a dir, que només li queda una tercera per a l'oci i passar-s'ho bé. Si aconsegueix fer de la feina un oci, tindrà dues terceres parts per a gaudir. Si tens una feina que no t'agrada, però no pots prescindir d'ella, aplica't aquests tres passos:

Els tres passos per a apreciar la teva feina:

1. Recorda't perquè tens aquesta feina i quines són les recompenses: fes una llista del que t'agrada i del que no. L'important és que valoris la feina que tens i l'esforç que has hagut de fer per arribar fins aquí. Aquesta pregunta et farà canviar d'actitud cap a la feina. Amb aquestes reflexions la valoraràs més i t'adaptaràs millor a ella.

2. Converteix la teva feina i el teu espai en una cosa divertida: busca la manera d'estar en disposició de gaudir del que fas. Crea un espai còmode i agradable, fes del teu lloc de treball la teva llar. Adapta'l a les teves circumstàncies i no a l'inrevés.

Si ets capaç de convertir-la en un hobby, mai més et desagradarà anar a treballar, ja que l'associaràs amb una cosa divertida.

3. Troba el valor del teu treball, tingues iniciativa: valora la teva feina, dóna-li el valor que es mereix. És molt important donar-li reconeixement i sentir-te orgullós d'ella, és una eina importantíssima per començar a estimar-la. La feina dignifica a la persona, li dóna un afegit a la societat. Et farà sentir-te útil.

Un afegit per no passar-ho tan malament a la feina: quan vulguis que un company faci alguna cosa per tu, en comptes d'exigir, millor suggereix. És menys agressiu i no sentirà que li ordenes. A més, li dónes un marge de decisió i això produeix satisfacció personal.

Anteriorment et vaig esmentar que res és etern, que en qualsevol moment ho pots perdre, doncs això, també val per als teus ingressos.

La importància de l'estalvi:

És essencial, per mantenir aquestes necessitats cobertes la resta de la teva vida sense passar penúries, i quan ja no puguis treballar per guanyar diners, que tinguis uns ingressos que et permetin mantenir el nivell de vida que desitges.

Ja sé que em diràs: si per a això, ja tinc la pensió de l'estat. Deixa que et digui una cosa: és cert, però amb la pensió que et quedarà no t'arribarà per mantenir el teu nivell de vida. Tot just t'arribarà, per cobrir les necessitats bàsiques. No et podràs permetre cap capnici.

Passaràs de treballar i tenir uns ingressos que et permeten portar la vida que desitges, a estar retirat amb uns ingressos mínims que et condicionaran a un estil de vida limitat.

> Si no has estalviat durant la teva etapa treballadora, no podràs gaudir de la teva etapa de retir.

Segons els estudis estadístics sobre la mitjana de vida, aquesta és de 81 anys. Això significa, que hauràs de viure uns 16 anys més, un cop deixis de tenir els ingressos del salari.

Pel que fa a la qualitat de vida que puguem portar durant la nostra jubilació, està molt relacionada amb la salut que tinguem en aquest moment.

La nutrició i l'activitat física, són claus per saber com envellim i vivim la nostra existència. Una bona alimentació i una activitat física relativament intensa, són la base per viure millor i tenir un cos sa. Som el que mengem i el millor és una alimentació equilibrada durant molts anys, per mantenir un bon nivell de flexibilitat.

Amb aquests simples hàbits pots arribar a la vellesa en forma:

- Fes exercici a diari, entre 45 minuts i una hora.
- Dorm suficient, depenent de cadascun, seran entre 6 i 8 hores.
- No t'estressis gaire, res és tan important. Si no depèn de tu, no té sentit que et preocupis, no pots fer res al respecte. I si depèn de tu, ja trobaràs la solució.

L'esport és saludable en dos aspectes:

Primer, que ens manté en forma físicament i segon, ens relaxa mentalment.

Quan acabes de fer una sessió d'entrenament, acabes cansat i el que desitges és descansar i relaxar-te. Els problemes que poguessis tenir, ja no semblen tan importants. A part, als que no li trobaves solució, ara com per art de màgia, et vénen a la ment diferents alternatives i formes de resoldre'ls.

> El cos el portarem sempre amb nosaltres i si no volem que sigui una càrrega, cuidem-lo.

Estalvia sempre el 20% dels teus guanys:

Vegem, tu guanyes un sou de 2.000 euros mensuals.
Imaginem que sempre has guanyat aquest salari i que has estalviat el 20% cada mes. Són 400 euros, que a l'any són 4.800 euros. Posem que vas contractar un dipòsit al 2% anual, això és un benefici de 96 euros. Sumem aquests 96 als 4.800, ja són 4.896 euros en un any.

Vas començar a estalviar als 20 anys d'edat. Estalviant aquesta quantitat durant 45 anys, t'han suposat 4.896 x 45 = 220.320 euros. Però en realitat ve a ser més, perquè hem calculat el 2% de 4.800. Però quan vas tenir 20.000 euros, ja eren 400 euros i no 96 i així successivament.

A mesura que vas tenir més diners, més tenies pels interessos. Però no ho sumarem, per compensar la diferència que haguessis tingut en el teu sou durant aquests 45 anys. Perquè ara cobres 2.000 euros, però potser fa 10 anys guanyaves 1.500 euros.

Seguint amb la lliçó, ara amb els 220.320 euros pots negociar un altre interès, ja que quant més diners tens, millors productes i beneficis t'ofereix el banc. Diguem un 5% anual, ja seria un benefici de 220.320 x 5% = 11.016 euros. Dividit entre 12 mesos, surt a 918 euros mensuals.

És a dir, que tindràs una pensió equivalent a poc menys de la meitat del teu salari actual. També pots optar per comprar un pisi no haver de pagar un lloguer. De qualsevol manera, tens l'opció de escollir l'estil de vida pera la teva jubilació.

Només serà qüestió de fer comptes i decidir-te per la millor opció. Aquest cas és només per al 20%, imagina't amb el 30%.

Ara em diràs que és un percentatge molt elevat i que és impossible d'estalviar. També em preguntaràs: perquè el 20% i no el 10%, com recomanen la majoria d'economistes?

Començaré responent a la teva segona pregunta: la resposta és molt fàcil, perquè el 10% és molt senzill d'estalviar. Però a partir del 20%, cal enginyar-se 'les, cal asseure's a pensar, en què es gasten els diners i com fer per passar el mes amb el que ens resta dels ingressos.

Aquesta quantitat d'estalvi convida a qüestionar-se com adquirir més ingressos i cap a la inversió.

Respecte a la primera pregunta:

Què passaria si el teu pare per circumstàncies de la vida t'abaixa el sou un 20%? T'adaptaries, veritat?

També em diràs, que els teus amics no estalvien i tots pensen que fer-ho és una pèrdua de temps, el banc es quedarà amb tots els teus estalvis, perquè no és de fiar.

Demana'ls hi quants diners tenen i segurament et respondran que no tenen res. Aquesta gent culpa al món, a la societat, a la crisi, al seu patró, de les seves desgràcies.

No fan res per millorar la seva situació i si algú del seu entorn vol progressar, li posen pedres al camí, desmotivant-lo amb arguments sense fonaments.

Són envejosos i s'envolten de gent com ells, per aquesta raó, reforcen la seva actitud.

No volen sortir de la seva zona de confort, es conformen i no arrisquen per por al fracàs. Trien no ser responsables del que succeeix a la seva vida.

Temen al fracàs, perquè en comptes de veure'l com una oportunitat d'aprendre dels seus errors, ho veuen com un reflex de la seva incompatibilitat.

Tampoc volen molestar-se en adquirir intel·ligència financera, deixen la seva jubilació per a l'endemà, en mans de l'estat.

És més, ni se n'adonen que si amb el seu sou actual els hi costa arribar a final de mes, amb la pensió, que serà inferior, més els hi costarà.

> L'estalvi per a la jubilació, és tan important com el combustible per al cotxe.

Relatiu a la intel·ligència financera, ara t'explico què és.

Intel·ligència financera:

És el tipus d'habilitat i coneixement que permet a les persones aprendre a generar recursos per viure com desitgen. La capacitat per resoldre o evitar problemes financers. Els ensenya a comprendre el món productiu, com aplicar les seves habilitats personals i explotar-les per produir guanys.

Es va en busca de la independència econòmica per no dependre d'un ingrés fix. Adquirir actius que generin ingressos passius que paguin el seu estil de vida.

Tranquil, ara t'explico el tipus de mentalitat que has de tenir per portar amb èxit aquest procés sense atabalar-te: pots pensar que és una paga per la feina ben feta, o un premi per matinar cada dia per anar a treballar i preocupar-te pel teu futur econòmic.

Si t'ho pares a pensar, la veritat és que pagues primer a tothom, abans que a tu mateix. Pagues l'habitatge, el menjar, la llum, els impostos i si queda alguna cosa, estalvies.

Doncs ha de ser al contrari, primer et pagues a tu mateix, perquè com més guanyis, més gastaràs. És un fet verídic.

Un cop hagis descomptat aquest percentatge, procedeixes a pagar als altres, ja trobaràs maneres de fer-ho. La necessitat de pagar als altres et motivarà a buscar maneres de fer-ho.

És més, el fet de pagar-te aquest percentatge, farà que et qüestionis si guanyes suficient per portar aquest estil de vida que desitges. Per tant, et motivarà a plantejar-te altres maneres de guanyar més, com poden ser, demanar un augment salarial, fer més hores, canviar de feina per una millor pagada, fer inversions o preparar-te professionalment.
Seguint aquesta metodologia d'estalvi, podràs gaudir més de la vida, dels seus plaers...

Tindràs la resta dels diners per gastar o invertir per tenir-ne encara més, això, ja és qüestió de cadascun.

Més endavant et parlaré de la inversió.

No et sentiràs culpable per gastar i et sentiràs bé, per premiar-te amb el que t'agrada i per l'esforç fet a l'aconseguir les teves fites.

> Quant més guanyis, més diner set quedaran per gaudir.

Per portar aquest procés amb èxit, demana't:

- Com serà el teu futur financer?
- On vols veure't en uns anys i com?

És a dir, en què gastes els teus diners, si fas inversions o no, i si les fas, en què inverteixes? Pensa en les 5 persones amb les que més et relaciones i seràs la mitjana d'entre elles.

L'ésser humà es comporta segons els seus semblants. Aprèn per imitació, adquireix costums, hàbits i formes de pensar similars a les del seu entorn. Dels temes que parlis amb ells, és el que faràs tu. Si parleu d'inversió, invertiràs, si parleu de la dificultat que comporta guanyar diners, et serà difícil guanyar-los.

Per estar bé en l'àmbit econòmic, has d'estar envoltat tant de rics com de pobres.

Dels rics aprendràs què fer per arribar a on ells i dels pobres, què no fer.

Com ja et vaig dir anteriorment, demana't:

Pera què? I aquesta, et donarà la resposta al com fer-ho.

Els tres hàbits per tenir sempre diners:

- No gastis més del que guanyes.
- Estalvia sempre el 20% dels teus guanys.
- Inverteix una part dels diners restants, una vegada sostreta la part de l'estalvi.

Els bancs:

Et diré unes quantes coses sobre ells: no són els teus enemics. Es més, si saps treballar amb ells, poden ser un bon aliat per les teves finances.

Et poden prestar els diners que necessites.

El banc és una empresa privada, que viu de deixar diners i recuperar-los amb un interès afegit, així de simple.

Si no poguessis pagar a través del banc, la llum, el lloguer, el telèfon i qualsevol altra despesa mensual o anual, com poden ser els impostos, hauries d'anar personalment a tots aquests llocs a pagar-los en persona. Amb les molèsties que això comporta, hauries de deixar de treballar per poder-hi anar, de manera que, perdries hores de feina. Ens deixen targes de crèdit, per poder comprar el que volem sense necessitat de portar diners a sobre.

Pots viatjar al voltant del món, sense portar amb tu diners en metàl·lic. Si et cal, vas a un caixer i ho treus. És normal que et cobrin comissions, t'estan donant un servei. No pagues pel servei del cambrer?

Si volem, podem pagar en mensualitats, amb un interès afegit. Ve a ser un préstec instantani. A més, moltes targes de crèdit carreguen l'import al mes següent, sobre el dia 5.

Això significa, que si tu cobres el dia 1 de cada mes, pots fer qualsevol compra el dia 2 i fins al mes següent no t'ho facturen. Hauràs cobrat dos vegades abans de pagar la compra. És com finançar-lo a dues quotes, però sense interessos.

Ho explico amb un exemple perquè s'entengui millor:

Posem que el Jaume, cobra sempre el dia 1 de cada mes, i li ve de gust un televisor que costa 600 euros.
Avui és el dia que cobra i decideix anar demà a comprar-lo, es gasta els 600 euros.

Fins al mes següent no li facturen i com ja haurà cobrat una altra vegada, no li suposarà tant esforç econòmic.

És com si l'hagués pagat en 2 vegades, 300 euros cada vegada.

No em mal interpretis, no estic defensant als bancs.

Només vull que entenguis la importància d'adquirir i invertir en intel·ligència financera. Al banc hem d'anar al menys una vegada a la setmana, encara que només sigui per saludar als empleats. Si vas a casa dels teus amics a visitar-los, perquè no vas a visitar als que es cuiden dels teus diners?

Com se sol dir, el tracte fa el parentiu, arribarà un punt en el que us avindreu, per tant, quan vulguis invertir, et podran assessorar millor. Es prendran més molèsties. Si només vas el dia que cobres per retirar els diners de la paga, per a ells només seràs un número més, ja que no et coneixeran.

Aquesta manera de comprar, ens la permeten els bancs, i és per això, que no són tan dolents.

> Si repudies als bancs, mai trauràs profit d'ells.

Et resumeixo alguns avantatges de les targes de crèdit:

- Solucionar algunes emergències, tals com viatges inesperats, hospitalitzacions, reparacions urgents del vehicle, electrodomèstics, etc.

- Pagaments de serveis de manera automàtica, per telèfon o per internet.

- Disposició de diners en efectiu qualsevol dia de l'any, a qualsevol hora, mitjançant caixers automàtics. Tot són avantatges.

Simplement hem de ser conscients del seu us. Si es paga en mensualitats, hi ha un interès que s'agrega a l'import total i no hem de pensar que són diners regalats.

> El banc no és una ONG.

Ara t'ensenyaré les tres maneres de gastar els diners i com gaudir-ho.

Assabenta't en què i comes gasten els diners:

1- Viure al dia: aquestes persones gasten tot el que guanyen, quant més guanyen, més gasten. Quan saben que rebran un ingrés extra, ja tenen clar en què s'ho gastaran. No pensen en el dia de demà, per elles només existeix el present. Solen viure amb por a la mort, la seva manera de pensar és: i si moro demà?

Conseqüències: viuen despreocupades, deixant-se emportar com una fulla pel vent, caiguda d'un arbre, d'un costat a l'altre, sense rumb fix, sense afany de superació personal, no tenen preocupacions econòmiques. La seva major alegria, és el dia de cobrament. Van pagant les despeses fixes.

Les tenen calculades al mil·límetre, l'habitatge, la compra, els capricis, etc. No els hi queda ni un euro a final de mes. El problema sorgeix quan tenen una despesa imprevista com pot ser, la reparació del cotxe, de la nevera, la manca de roba, etc. Si tots aquests imprevistos arriben a la vegada, han d'escollir quin pagar abans.

Si tenien pensat anar-se'n de vacances ja no ho podran fer. Llavors és quan es posen les mans al cap per no poder fer front a aquestes despeses. Estan literalment en fallida.

Aquest mes ja hauran de deixar de pagar l'habitatge, la llum, el telèfon o qualsevol altra despesa fixa i començar a ser morosos, paguin l'imprevist que sigui. Ja que la quantitat de diners de la que disposen és la mateixa.

2- Viure per sobre de les seves possibilitats, a crèdit: aquestes persones gasten més del que guanyen, viuen a força de crèdits, paguen tot amb la tarja de crèdit o amb préstecs i ho abonen mensualment. Hipotequen el seu futur comprant coses que no necessiten, amb diners que no tenen, per impressionar a gent per a les quals són indiferents.

Ho volen tot a la vegada, la casa, els mobles, el cotxe, els viatges, menjar fora, les vacances, etc. Aquestes persones no li donen valor al temps, solen pensar que res canviarà, que conservaran sempre la feina, que no es posaran mai malalts i que res dolent els hi pot passar.

Solen ser impacients i impulsives, si volen alguna cosa, la compren al moment. No accepten la seva situació econòmica i volen viure com si fossin riques, però ignorant que aquestes, compren les coses amb els ingressos que els hi generen els seus actius.

Els rics, primer compren actius.

Conseqüències: viuen a tot luxe, no es priven de res, són capritxoses, tot ho volen al moment. Són ansioses, ja que al voler-ho tot al moment i no disposar dels diners, han de demanar un préstec i l'espera de la resposta els manté en suspens.

El problema arriba quan les mensualitats dels crèdits comencen a superar els ingressos o l'entitat financera ja no els finança més. Ara comencen els mals de cap, a veure com fan per pagar els seus deutes? Tot el que han comprat ja no té el mateix valor que quan ho van adquirir, encara que ho venguin, no podran pagar els deutes.

Però un altre problema afegit és, si els seus ingressos es redueixen, com pot ser, una baixada salarial o un acomiadament. Ara sí que tenen un seriós problema, el banc es pot quedar amb tots els seus béns i hauran de mal viure fins que no paguin els deutes.

3 -Viure estalviant una part dels ingressos: aquestes persones viuen per sota de les seves possibilitats, però sense privar-se, són austeres. Quan volen alguna cosa, tenen els diners per comprar-ho, perquè ja han estalviat prèviament. Solen ser persones pacients i reflexives.

Abans de comprar, es demanen si tenen els diners necessaris per adquirir tal objecte i si no ho tenen, estalvien un temps i després s'ho compren. Saben que es pot tenir tot, però no al mateix temps. Cada cosa al seu temps. La casa, els mobles, el cotxe, les vacances i demés.

Conseqüències: viuen còmodament, despreocupats, igual que la gent que viu al dia, però amb la diferència de que si els hi sorgeix un imprevist, podran fer-li front.

Poden escollir la seva manera de viure, poden fer-ho com si no existís l'endemà, gaudint al màxim l'ara, anar-se'n a sopar al millor restaurant de la ciutat o anar de cap de setmana romàntic. Al ser previsors, ja tenen els diners suficients per fer-hi front i com són estalviadors, quan passegin per la ciutat s'aniran fixant en les ofertes que pugui haver. Postergant el plaer immediat de donar-se un caprici, per aconseguir l'objectiu a llarg termini.

El fet d'estalviar els hi dóna seguretat per comprar qualsevol cosa, doncs saben fins a on poden arribar i negociar el preu final, ja que amb els diners a la mà es poden aconseguir millors preus. No és el mateix pagar a terminis, que al moment, de la segona manera, es poden aconseguir bons descomptes i millors ofertes.

> Les tres maneres són igual de vàlides.
> Tria la que millor s'adapti a tu.

Ara plasmaré aquestes tres maneres de viure en els casos de la Pepa, la Dolors i la Noèlia:

Les tres amigues se'n van de compres i al passar per una agència de viatges veuen una oferta, una estància a les Maldives. Contractant-la avui, té un descompte del 50%.

A la Noèlia, el primer que se li passa pel cap és, vinga, entrem i contractem el viatge.

La Dolors, per la seva banda pensa, la meva tarja està en el seu límit, hauré de demanar que em deixin finançar-lo. Però llavors, no serà cap oferta, ja que haurà de pagar interessos.

I la Pepa, sap que no ho pot pagar, ja que no té els diners suficients. No podrà anar de viatge ambles seves amigues.

Us imagineu l'estil de vida de cadascuna?

Efectivament: la Pepa viu al dia, la Dolors viu per sobre de les seves possibilitats i la Noèlia és l'estalviadora.

La Dolors podria pensar: faré com la Noèlia, estalviaré una part dels meus ingressos cada mes i amb els interessos que em generin podré anar-me'n de viatge la propera vegada. Però com és impulsiva i impacient, prefereix finançar el viatge, entrant encara més en la roda dels deutes.

Es diu a ella mateixa: si la Noèlia s'ho pot permetre, jo també i no es para a pensar que la seva amiga ja ha estalviat prèviament. Els interessos que li ha de pagar a l'entitat financera, la Noèlia, se'ls ha pagat a ella mateixa.

La Pepa, en canvi com no té diners, ni s'ho planteja. En la seva manera de viure no hi ha espai per als imprevistos. Siguin bons o dolents, simplement no pensa en el viatge.

No sap administrar els diners, és incapaç de pensar en més despeses, que no siguin les bàsiques per passar el mes.

A mida que van passant els dies, i si li queden alguns diners, ja busca en què gastar-los. Però no s'endeuta, no té diners, però tampoc li deu a ningú, ni es planteja demanar un préstec.

Pagar-se a un mateix, finalment és això, finançar-se a sí mateix. Només que a la inversa, primer s'estalvia pel producte i després es gaudeix. Amb els interessos que no es paguen, es pot adquirir un millor producte. És el cas de la Noèlia.

No t'avergonyeixis de la teva economia:

Si et fa vergonya la teva situació econòmica i et preocupa el que els altres puguin pensar sobre tu, t'aconsello que provis aquesta manera de fer:

El Carles té un cotxe vell, que està més temps al taller mecànic que circulant i vol comprar-se un de nou, però la seva economia no li ho permet. Se sent malament perquè tots els seus amics tenen cotxes nous. Pensa que el menyspreen pel seu cotxe i no suporta la situació. Té la idea de que amb un cotxe nou el miraran millor.

La seva dona li diu: ja que vols un cotxe nou, però només ens podem permetre reparar el nostre vell Seat Ibiza, i sé que aquesta situació et molesta, perquè tots els teus amics tenen els seus cotxes nous, et donaré una solució: Anem al bar a on et reuneixes cada dia amb ells i quan estigui ple, deixa'm parlar i no esmentis ni una paraula.

Arribat el moment, la dona li crida al marit:

- Carles, que no comprem el Golf!
- No veus que tots els teus amics tenen cotxes més baixos de gama.
- Què vols, fer-te el presumit? No pots presumir d'una altra cosa

que no sigui un cotxe?
- Repara l'Ibiza i dóna-li feina al pobre mecànic.
- Tu saps molt bé que jo vull el Porsche i no el Golf.
- Seràs egoista! Al mateix temps que convida a intervenir als seus amics perquè confirmin el que està dient.

> No et sentis inferior per tenir menys possessions que els altres.

Les compres:

Relatiu a les compres que fas i que no et satisfan, la propera vegada que vagis a comprar alguna cosa, pregunta't:

- Perquè i per a què ho vols?
- Què passa si no ho compres?

Si la resposta és res, llavors no ho compris o espera't tres mesos, per veure si aquestes ganes de comprar-t'ho segueixen al teu cap, el més probable és que ja no estiguin.

Pot ser que ho vulguis comprar per la influència que han tingut sobre tu, la publicitat o els teus amics.

Hem de distingir entre les nostres necessitats i les plantejades per la cultura o la gent que ens envolta.

Ara que ja coneixes el motiu de la teva preocupació i com superar-la, et parlaré dels actius i passius esmentats més a dalt i de les dues mentalitats en quant als diners.

Actius i Passius:

Un actiu, és qualsevol producte que ens generi ingressos i un passiu és el contrari, qualsevol producte que ens generi despeses.

Un ingrés passiu, és qualsevol ingrés que ens generi un actiu.

En resum:

Actius: comprar béns immobles, propietats i llogar-los. Accions i fons d'inversió que generin dividends i a l'hora de vendre'ls, guanyem més diners dels que ens van costar o al menys, no perdre.

Passius: comprar béns immobles i propietats per viure. També qualsevol producte que es devaluï amb el pas del temps.

El cas dels béns immobles i les propietats, és molt peculiar, perquè si els tenim per viure-hi nosaltres, tindrem sempre una despesa, ja sigui mensual o anual. En aquest cas, són passius. Hem de pagar impostos per tenir-los i unes despeses de manteniment. Comunitats, reformes i assegurances. Mai seran nostres. Curiosament, encara que sembli mentida, anem a mitges amb l'estat.

Si no paguem els impostos, aquest ens pot embargar els béns. En canvi, si els tenim per llogar, l'ingrés que ens generi, ja és un benefici amb el qual pagar la despesa del seu manteniment. En aquest cas, són actius. Aquest benefici és el que s'anomena un ingrés passiu.

A mida que s'incrementen els impostos, augmentem el lloguer i la bàscula de l'economia es manté estable.

Comprar actius ha de convertir-se en el nostre hobby favorit.

Arribats a aquest punt, segur que em demanaràs: gastar diners en adquirir animals de companyia és un passiu, no?

La meva resposta és, no. No és gastar en un passiu sense més, perquè aquest passiu et generarà benestar. Així doncs, estàs invertint en un actiu, et genera salut. Té relació directa amb el que he esmentat abans sobre les necessitats bàsiques, estàs satisfent les de relació amb els altres, les de l'amor, sentir-te a gust a la teva llar i amb els teus éssers estimats, per així compartir moments d'alegria.

Més endavant parlo de la forma de finançament per adquirir actius i passius, els deutes. Prosseguiré amb les diferències entre les dues mentalitats en quant als diners.

Mentalitat de pobre i mentalitat de ric:

La mentalitat de pobre es basa en dependre únicament d'una font d'ingressos. L'empleat, del seu sou i l'empresari, del seu negoci. No tenen intel·ligència financera. És una mentalitat centrada en l'escassetat.

Només se'n a donen d'aquest terrible error quan perden aquesta font. Qualsevol pot tenir aquesta mentalitat. No distingeix entre ingressos, ofici, estudis, edat i estatus social, són persones poc previngudes, gasten segons els seus ingressos, només estalvien per gastar.

Estalvien per imprevistos, vacances, un cotxe o qualsevol altre passiu i quan ja l'obtenen, deixen de fer-ho fins que tenen un altre desig. No es preocupen d'adquirir actius.

El curiós d'estalviar per a despeses imprevistes, és que com ja s'estalvia per a elles, sempre apareix alguna. Per molt petita que sigui, recorren a aquests estalvis. El seu compte bancari tot just puja d'un any per l'altre, en tot cas, baixa.

Quan volen comprar alguna cosa i no tenen suficients diners, comencen a reduir despeses per poder comprar allò que desitgen. Com depenen d'una sola font d'ingressos, quan aquesta disminueix per qualsevol circumstància, han de jugar amb l'estira i arronsa, deixant de gastar en un lloc per gastar en un altre.

En canvi, la mentalitat de ric és totalment diferent, les persones que pensen així tenen intel·ligència financera. Veuen oportunitats de negoci on la mentalitat de pobre veu problemes. Volen conèixer els seus límits i per això no li tenen por al fracàs, saben que és una oportunitat per millorar en el seu aprenentatge.

A aquesta forma d'aprendre, en psicologia l'anomenem, aprenentatge per Assaig-Error.

Són previnguts i sempre estan buscant altres formes d'ingressos a part de les que ja tenen, estalvien la seva part d'ingressos corresponents i a part, inverteixen. Coneixen la diferència entre estalviar i invertir.

> Diners amb mentalitat de pobre i els diners s'esfumen. Mentalitat de ric sense diners i els diners es creen i es multipliquen.

Estalviar i invertir, no és el mateix:

Estalviar, és deixar els diners en un compte i no pensar en ells fins l'edat de la jubilació.

Invertir, és destinar una part dels diners restants del percentatge separat per a la jubilació, en comprar actius.
Com coneixen aquesta diferència, adquireixen actius perquè els generin la qualitat de vida que desitgen. Són conscients que tot el que existeix en aquesta vida, canvia contínuament. L'ésser humà, les riqueses, el clima, els plaers, etc.

No volen ser dependents d'una única font d'ingressos, són conscients del risc que això suposa. Aquesta única font és una cosa prestada, avui està, però demà potser no. Adquireixen múltiples fonts diferents. Busquen la llibertat financera, volen poder gastar sense dependre d'un ingrés mensual. Deixar de treballar.

Amb els ingressos que reben dels actius, compren els capricis que desitgen, reinverteixen una part d'ells i gasten la resta. Inverteixen temps i diners en la seva educació financera, no paren d'aprendre. No conceben el desenvolupament professional sense el desenvolupament personal.

La mentalitat de pobre només espera a l'edat de jubilació, per poder retirar-se. En canvi, la mentalitat de ric intenta aconseguir ingressos extra, per poder avançar el seu retir sense dependre de l'edat de jubilació.
Quan no poden comprar alguna cosa, en comptes de pensar: no puc, pensen: com puc fer per aconseguir-ho?

Això, els porta a adquirir nous hàbits de comportament, tanmateix, aprenen nous mètodes i estratègies.

> S'ha de pensar amb mentalitat de ric.
> Guanyis 1.000, 2.000 o 5.000 euros...

Una vegada hagis apartat el teu 20% per a la jubilació, inverteix una part de la resta dels teus ingressos, perquè generin més. Els diners han de ser els teus esclaus i treballar per tu i els interessos que generin, són els seus fills. També treballaran per tu.

Em vas comentar que algun dia dirigiràs la clínica del teu pare, doncs si no saps de finances, tard o d'hora faràs fallida.

A la universitat t'hauran ensenyat molt sobre medicina, però segur que res, sobre com invertir perquè els teus diners generin més diners i tampoc sobre impostos.

Has de comprendre per a què serveixen els impostos. Són necessaris perquè un país pugui oferir als seus ciutadans bons serveis públics. Uns seran gratuïts i altres seran de baix cost. Es té la creença de que el què més guanya, més paga.

Però, no sempre és així. També pots gaudir de suculents descomptes si saps com funcionen. Si no vols o no et veus capaç per ara, de dominar aquest tema, sempre pots recórrer a un gestor o a un comptable perquè t'assessori. No es tracta de saber de tot, sinó, saber a qui recórrer en cada situació.

Si t'interessen les finances, recorreràs a un economista, si t'interessa comprar un immoble, recorreràs a un constructor. No li aniràs a demanar consell sobre com fer pa, a un mecànic ni viceversa.

El futbolista: es dedica a jugar a futbol i a guanyar diners per això, ho fa el millor que pot, perquè té talent i es dedica plenament a això. No perd el temps ni l'energia en els temes fiscals, perquè ja té qui es dediqui exclusivament a això. La majoria de futbolistes tenen altres negocis a part de jugar a futbol, saben que l'ingrés que aquest els hi genera, és temporal.

El Transeünt i l'Explorador: es ve a la vida com a transeünt o explorador. El transeünt, és la persona que passa per la vida gairebé sense gaudir-la. No es qüestiona res, fa el que marca la societat, deixa que li marquin el camí i decideixin per ell. Tot li està bé.

En canvi, l'explorador, s'amara d'ella. Assaboreix tot el que li ofereix, es qüestiona contínuament la seva forma de pensar i actuar. És el que marca les tendències que seguirà el transeünt.
Ha arribat el moment que et vaig esmentar anteriorment sobre els deutes.

Deutes bons i Deutes dolents:

Hauràs d'invertir en el negoci si no vols quedar-te obsolet en el que fa referència al material mèdic. Si ets capaç de fer bones inversions i generar més ingressos, a part dels que ja reps per tractar als pacients, tindràs un bon fons econòmic.

Però, per si arriba el dia d'invertir i el fons encara no s'ha omplert suficientment com per poder costejar les despeses, t'hauràs d'endeutar i aquí entra en joc la intel·ligència financera.

Molta gent els repel·leix, els hi té pànic. No coneixen la diferència entre el deute bo i el deute dolent.

El deute com a forma de finançament és neutre.
No és bo, ni dolent.

És el motiu del deute el que determina si és l'un o l'altre.
Si coneixes què és un deute dolent, l'evitaràs a qualsevol preu i només l'utilitzaràs quan sigui imprescindible. En canvi, si saps distingir el deute bo, pots utilitzar-lo en el teu favor per crear negocis amb els diners d'altres persones.

El deute dolent, és el que s'adquireix per consum propi, com pot ser, un cotxe, un viatge o qualsevol objecte que perdi valor amb el pas del temps. Disminueix el valor del teu capital, ja que no representa cap tipus d'inversió. En paraules més senzilles, és el deute que et toca pagar a tu, el que has de pagar amb els teus propis diners. Hipoteca el teu futur.

En canvi, el deute bo, és aquell que augmenta el valor del teu capital, perquè constitueix una inversió en una cosa que es valoritzarà amb el temps. En paraules més senzilles, és el deute que no pagues tu, es paga sol.

Demanes diners prestats i crees un negoci, amb els diners que aconsegueixis venent els productes, aniràs pagant les quotes del préstec. És amb el que podràs invertir en la clínica, ja que això farà que tinguis més pacients i per tant, més ingressos i aquests pagaran els deutes.

> Saber distingir entre deute bo i deute dolent, marca la diferència entre les persones que saben gestionar els diners i les que no.

D'aquí la importància d'estalviar. Quan vagis a demanar un préstec al banc, segons la quantitat de diners que tinguis i la teva manera de gestionar-te econòmicament, influirà molt sobre la decisió de que te'l concedeixin o no. Quants més diners tinguis, més fàcil serà que te'l concedeixin i amb millors condicions de devolució i interès. No és el mateix tenir un compte bancari amb 50.000 euros, que amb 120 euros.

Estalviar sempre és avantatjós i si a part saps invertir, podràs assolir certa llibertat financera abans de la jubilació.

En aquest tema, ja entra en joc l'aversió al risc de cada persona. Però aquest llibre no tracta de fer-te milionari, sinó, de que tinguis estalvis. Per tant, no vaig a aprofundir-hi.

Com pagar diversos Deutes alhora:

Si adquireixes diversos deutes, comença pagant els més petits, sense importar el tipus d'interès que tinguin uns o altres. Aquesta manera de procedir et donarà confiança en tu mateix, quan vagis veient que vas liquidant els deutes.

Si comences pels grans, a mida que vagi passant el temps i no vegis resultats, et pots desmotivar, perdre l'interès i frustrar-te.

Segona part

Fins ara he enfocat el meu interès, en escriure sobre la importància de l'estalvi. En aquesta segona part del llibre, l'enfoco en la felicitat.

La felicitat:

Quan se'ls hi demana a les persones el que més desitgen a la vida, la majoria respon, ser feliços, però no ho concreten. Llavors, què és la felicitat?

És un concepte subjectiu i relatiu, un estat d'ànim que suposa una satisfacció.

Qui està feliç, se sent a gust, content i complagut. El millor de la felicitat, és que tu determines ser feliç en cada situació i en cada moment de la teva vida, ja que si la teva felicitat depèn d'algú, aquest ets tu.

Però encara que la determinis tu, la felicitat no és una decisió, és un fet. Tothom és feliç, només que molta gent no ho sap.

Quan comencen a relativitzar i a apreciar el veritablement important, s'adonen de que ho són. Tenen el necessari per ser-ho. Hi ha tantes coses per gaudir i el nostre pas per la terra és tan curt, que patir és una pèrdua de temps.

És com el cas del Joan, ara que ja relativitza, és feliç. No té més coses que abans ni una feina diferent, simplement s'ha adonat del lloc on ha d'enfocar la seva atenció.

Aquesta es construeix, no es busca, per aquest motiu, requereix d'un mínim esforç.

De tant en tant, cal preguntar-se:

Què s'espera de la vida?

Segons la resposta a aquesta pregunta, serem transeünts o exploradors, com he explicat anteriorment.

Per tenir una vida satisfactòria, la recerca de plaer gairebé no contribueix. Però, la recerca de compromís i de sentit, sí ho fan, sent la més important, la segona.

El plaer, importa si ja es té tant compromís com sentit, llavors és la cirereta del pastís.

El plaer és momentani, s'assaboreix quan s'aconsegueix un objectiu, però si no té un sentit, aviat no tindrà valor.

El compromís és important perquè empeny a la motivació, capa la tasca, és l'energia que ens manté en moviment. Es planifica i reacciona de forma encertada per aconseguir tirar endavant un projecte.

El sentit és el més important, perquè és la raó de ser.
Buscar-li un sentit a la vida, és la base per poder llevar-se cada matí i seguir endavant sense importar les circumstàncies que s'estiguin vivint. Perquè la vida tingui sentit hem de viure-la segons els valors, passions i habilitats de cadascun.

No permetis que res ni ningú t'esborri el somriure de la cara. Mentre somrius no estàs preocupat. És una part molt interessant de les emocions, maies poden donar dues oposades al mateix temps.

Fes el que vulguis, però assumeix les conseqüències dels teus actes. Recorda que vivim en societat, per tant, la teva llibertat acaba on comença la de l'altre.

Per ser feliços i estar de gust amb els demés, cal acceptar-se incondicionalment tant a un mateix com als altres. Es tracta d'acceptar a l'altre, sigui com sigui: Guapo o lleig, blanc o negre, llest o no, tingui diners o no els tingui.

Tothom pot aportar-nos coses meravelloses, independentment de les seves característiques externes, que com ja he dit, no són importants. A més, per alliberar-nos i no angoixar-nos, és molt important acceptar a les persones del nostre cercle, amb els seus defectes i virtuts, i no intentar canviar-les. La clau està en acceptar i valorar les virtuts que tenen, perquè tothom en té.

El millor és intentar adaptar-nos a elles i comprendre-les, ja que coneixes a la persona, però no el seu passat ni les circumstàncies que l'han fet arribar fins a aquí.

La felicitat, és una cosa natural i senzilla, no et compliquis buscant-la.

Somriure: riure constantment, allibera endorfines que són bones per al teu cos. Ja que allibera l'estrès acumulat, li dona brillantor al teu rostre, et fa veure més atractiu i et sentiràs més feliç. Baixa la teva pressió arterial i enforteix el teu sistema immune, pot obrir-te moltes portes en qualsevol àmbit.

És més, si parles amb un somriure, el teu to de veu es torna més dolç, inclús fent-ho per telèfon. La gent s'aproparà més a tu, al veure reflectides en el teu caràcter l'alegria i les ganes de viure. Si per qualsevol circumstància, et sents trist o frustrat i vols canviar aquest estat d'ànim, practica aquest exercici:

Somriure davant del mirall: al principi no sortirà de forma natural, però amb el temps et sortirà un somriure autèntic. Moltes vegades el físic es transmet al mental, així que, si t'esforces a somriure, després d'uns minuts et sentiràs millor.

L'Aprenentatge:

Relatiu a l'aprenentatge, ningú és indiferent a les paraules.
Compte amb el que llegeixes, veus i escoltes, perquè un acaba vivint el que llegeix, veu i escolta.

Les paraules s'interpreten segons l'humor i les inseguretats que puguem tenir en aquell moment. La nostra forma de pensar determina com actuem i interpretem el nostre passat, present i futur.

El nostre passat pot turmentar-nos o enorgullir-nos, segons el que pensem d'ell. El present, el podem viure amb alegria o amb desgràcia i el futur, podem creure que serà meravellós o catastròfic. Cadascun dels nostres pensaments i paraules determina el nostre futur, et converteixes en el que penses, és inevitable. Moltes persones viuen lamentant-se del seu passat, de decisions equivocades, relacions que van ser un fracàs o objectius no complerts. En conseqüència, condicionen el seu present i el seu possible futur.

El present és l'ara, aprenguem noves formes de comportament i estratègies per afrontar el passat. Amb aquestes noves conductes, el podem percebre d'altra manera i comprendre que potser, ha estat el millor que ens ha pogut passar. Canviant la forma d'interpretar el passat, canviem el present i com a conseqüència, el futur.

Assumeix responsabilitats:

La vida es crea pas a pas, som totalment responsables de la nostra vida. No donis el poder als altres per dirigir la teva vida. Qualsevol situació en la que et trobis, la crees tu, no els altres. No siguis mandrós i culpis als altres de les teves desgràcies, perquè per aquesta regla de tres, també els hi hauries d'atribuir els teus èxits.

No facis com els seguidors d'un equip de futbol, que sempre que perden, diuen: l'equip ha jugat malament i són dolents. En canvi quan guanyen, diuen: hem guanyat i què bons que som!

Pensa sempre en positiu i en abundància davant de qualsevol circumstància negativa. L'abundància et farà tenir una pluja d'idees i triaràs la que millor s'adapti a aquesta situació. Afronta-ho com una lliçó per aprendre. Ha passat per alguna raó, ara mateix no saps quina és i et sembla terrible, però en realitat pot sorgir alguna cosa realment meravellosa. Estigues alerta.

Un sol pensament negatiu et pot fer malbé el dia, quan detectis un, canvia'l per un altre positiu.

Cal recordar les coses bones que ens han succeït durant el dia i utilitzar frases afirmatives regularment sobre la nostra vida: m'agrada la meva feina, faig el que vull, tinc bons amics, adoro a la meva parella, etc. També recompensar-nos amb alguna cosa que ens agradi per la feina ben feta, ja sigui menjar xocolata, un gelat, anar al cinema, etc.

Si encara intentant intercanviar aquest pensament negatiu per un positiu no pots, desisteix un moment i deixa'l per més tard.

Dedica un moment al dia per preocupar-te pels problemes, diguem, una hora i mitja. D'aquesta manera quan et vingui algun al cap, podràs pensar: ho deixo per quan li toqui la seva hora.

Quan pensis en aquest problema, anota'l i així li podràs dedicar tota la teva atenció. Pot ser en qualsevol lloc, però sempre a la mateixa hora, acabaràs convertint-lo en un hàbit.

El fet d'utilitzar frases afirmatives, fa que ens centrem més en elles i les potenciem. Ens enfoquem en elles, això fa que, es converteixen en la nostra prioritat principal. El millor de les afirmacions, són les emocions que les acompanyen, l'alegria al saber que tens la vida que desitges i això encadena altres emocions com poden ser l'emoció, la satisfacció, l'energia per seguir amb aquest ritme de vida.

Et manté actiu, amb ganes de fer sempre activitats, perquè et tornes agraït i assaboreixes el que tens.

Moltes persones creuen que venim a la vida a patir, però és pel desconeixement que vaig comentar, referent a les idees irracionals.

Les persones que pensen d'aquesta manera, és perquè ningú els ha ensenyat una altra manera de veure el món. Són reactives i només saben respondre, estan esperant que succeeixi alguna cosa per contestar.

L'ensenyament a l'escola:

Si a l'escola ensenyessin que per ser feliç i viure en societat, no és necessari competir i ser el millor, tot seria molt diferent. Si des de petits en comptes de puntuar-nos amb notes per veure qui és el millor, ho fessin amb Apte i No Apte, no seriem tan competitius entre nosaltres. Sabríem si hem encertat o no. Per guanyar no ha de ser: si tu perds, jo guanyo. Podrien ensenyar-nos que per guanyar, els dos podem ser vencedors. Si jo guanyo, tu guanyes i viceversa. Amb aquesta manera de pensar es potencia la solidaritat i el compartir.

Als deures de l'escola, es podria fomentar el treball en equip. Si guanyem tots, cadascun de nosaltres guanya i viceversa. Si tu o jo guanyem, l'equip guanya.

L'escola ens prepara per ser bons empleats i sempre ser el millor. Ens tracten com empleats de fàbrica, es comença i s'acaba a una hora determinada i durant la jornada tenim unes pauses, per esmorzar, dinar i berenar. Si arribem tard injustificadament, ens penalitzen.

Quan un arriba a la vida d'adult, ja l'han educat per ser un bon treballador i començar la seva vida laboral per entrar en el sistema de consum de cada cultura.

Es el cas de l'Andreu i del Lluís: dos amics i companys d'universitat, que estudien Dret. L'Andreu ha tret excel·lents en gairebé totes les assignatures i en canvi, el Lluís, sempre ha estat fregant l'aprovat.

Un cop acabats els estudis, els dos entren a treballar en el mateix bufet d'advocats.

L'Andreu, de deu casos que ha portat, només ha guanyat un i el Lluís, dels deu que també ha portat, els ha guanyat tots.

Aquest fet reflecteix, que no n'hi ha prou amb treure bones notes a classe. A l'escola simplement ens preparen per ser obedients i sobretot, a no equivocar-nos, ja que ens suspenen per fer-ho. A la vida real, fora de les aules, equivocar-se és sinònim de que s'estan provant altres maneres de fer les coses.

És la metodologia d'en Lluís, a part d'utilitzar les eines que ha aprés a la facultat, utilitza altres, també efectives. Com són l'empatia, l'astúcia, l'enginy, la picardia o l'espontaneïtat. Totes aquestes qualitats de la persona, a l'escola no es potencien, sinó, que s'inhibeixen.

Quan un alumne intenta fer les coses d'una altra manera, encara que siguin igual de vàlides, se'l suspèn. No es premia el ser innovador, enginyós o hàbil. Es premia el ser mecànic, la repetició exacta del que s'aprèn.

No apegar-se a les coses materials:

Un altre factor a tenir en compte, és no apegar-se a les coses materials. Mentre les tinguis, gaudeix-les al màxim, però si les perds, no hauria d'afectar-te el més mínim.

Les coses materials estan per gaudir-les, no perquè el nostre benestar depengui d'elles. Abans d'adquirir-les ja eres feliç, si ara les perds, has de tornar a l'estat de felicitat anterior. Sinó, millor que no les adquireixis, ja que la seva pèrdua et causarà major malestar que el que tenies abans. Les coses materials estan fetes perquè les gaudim i no perquè en siguem dependents.

> La funció de les coses materials és donar-nos llibertat, no esclavitzar-nos.

Por a la Mort:

Un altre factor interessant i que molta gent viu amb disgust, és la por a la mort. No hi ha motiu per a témer-li, en tot cas, hem de témer a no viure. Tots sabem que morirem. No sabem ni com, ni quan.

Però és que vivim en una societat que ens fa creure que som immortals, que viurem sempre. Ens venen hipoteques a 40 anys, cremes i productes per rejovenir, envellir està mal vist. Ningú vol fer-se vell. Aquest ritme de vida, fa que la gent vagi a contracorrent, amb el desgast i les conseqüències que això comporta per a la salut.

Ningú ens prepara per a la mort, ni a l'escola ni als mitjans de comunicació, que tenen tant poder d'influència. No hi ha debats sobre ella. És un tema tabú, per això, la gent la tem. Tots sabem que morirem, però ningú ho assumeix.

Si estàs malalt, poden passar dues coses: que et moris o et recuperis. Si et mors, t'alliberes de les necessitats fisiològiques del cos, que són tan molestes: la fam, el fred i la son. I si sobrevius, seràs més humil, més agraït i per tant, més feliç. Lliure del terrible pes de la culpa, del què diran, de les enveges i viuràs cada instant com si fos l'últim. Llavors, per què l'has de témer? Quan tinguis un problema que t'angoixi, pensa: què passaria si et morissis ara mateix?
Res, no passaria res. Els teus éssers estimats plorarien un temps, però s'acostumarien a la teva absència. És per això, que queda demostrat que res és tan important.

Té el valor i la importància que li vulguis donar, decideix si val la pena estar tan preocupat per aquest problema o no.

Què t'aporta a posteriori? Val la pena el temps invertit en ell?

> Ningú sap el motiu de la vida. Ens porten a aquest món sense demanar-ho i el deixem sense voler-ho. Llavors mentre estiguis en ell, aprèn i gaudeix del procés, sempre somrient.

El cas de l'Òscar:

Fa uns dies vaig estar parlant amb un amic, m'explicava que estava fart de la vida que portava. La feina no li agradava i com a conseqüència discutia amb la seva esposa. Adora a la seva dona, però l'estrès que li causa la situació laboral fa que a l'arribar a casa discuteixi amb ella.

No sap què fer, ha de pagar la hipoteca i el préstec del cotxe, per això, no pot deixar la feina. La meva resposta va ser demanar-li:

Què faries si et diguessin que et queda un mes de vida?, al que em va contestar: retiraria els meus estalvis del banc i me'n aniria al Carib amb la meva dona.

Li vaig dir: doncs imagina't aquesta situació i actua com a tal, perquè no saps el temps que et queda, si un mes, una setmana o un dia.

Aquí està un altre cop la importància de l'estalvi, aquest home té els diners suficients per poder anar-se'n a unes vacances imprevistes.

No és el mateix, superar el mal tràngol de la seva situació actual quedant-se a casa, que anant-se de vacances a qualsevol lloc del món. Tornarà amb la ment clara i més tranquil, preparat per reprendre la seva vida.

Si tingués que quedar-se a casa, segurament també superaria la situació, però trigaria més temps i amb més patiment.

Viure essent un mateix:

La vida és com una línia recta que comença en el punt A i acaba en el punt B. Tots la recorrem, però uns arriben abans que altres.

L'important d'aquesta línia, és com arribes al punt B. Has arribat vivint segons les teves creences i motivacions o pel contrari, has arribat vivint les dels altres?

Si vius segons les teves creences i motivacions, estàs vivint amb por a no viure. Aprofitaràs qualsevol moment per fer el que t'agrada y gaudir com si fos el teu últim minut de vida. No obstant això, si vius la vida d'altres, estàs vivint amb por a la mort. Deixaràs de fer el que t'agrada per complaure'ls a ells abans de que es morin i et sentis malament per això. Anteposaràs la seva felicitat a la teva.

Aconseguir els objectius:

Per qualsevol objectiu que vulguis assolir, primer visualitza com et sentiràs quan ho aconsegueixis i a continuació, comença a donar els passos necessaris per aconseguir-ho.

Comença traçant una ruta a llarg termini, dividida en petits objectius, de curt i mig termini, que et vagin apropant a l'objectiu final o acabaràs abandonant el projecte.

Al principi pots tenir moltes ganes, però si no tens un sistema que et guiï per poder donar els passos necessaris per aconseguir-ho, a mida que vagi passant el temps t'aniràs desmotivant.

Per assolir el procés necessites:

- Automotivació: és l'energia que sorgeix del nostre interior.

- Compromís: és estar disposats a pagar el preu per assolir els nostres objectius.

- Adaptació i flexibilitat: quan sorgeixen imprevistos o les coses no són com pensàvem, és necessari tenir la capacitat de fer els canvis que es requereixin.

- Organització: fixar un ordre en la nostra conducta i establir les prioritats necessàries.

Posar una data límit per a l'objectiu final i dates intermèdies per anar comprovant objectivament els progressos i corregir si és necessari.

Si volem ser experts en arts marcials, primer haurem d'inscriure'ns a un gimnàs. Acudir regularment i anar passant de cinturó en cinturó, fins a arribar al cinturó negre.

No es pot ser un expert sense passar per totes aquestes fases. L'objectiu s'aconseguirà a mida que es vagin superant els de curt termini, aquesta motivació ens farà arribar fins al final sense desistir en el camí. Et deixo una guia per orientar-te i que puguis aconseguir els teus objectius.

La guía per aconseguir-ho:

1) És realista?

2) Perquè i per a què ho vols?

3) Escriu-lo, es torna un objectiu. Posa-li una data límit, et vindrà bé per la pressió perquè si no, procrastines, ho deixes per després o per demà.

4) Com aconseguir-lo? Crea una pluja d'idees per veure quina tries. Quan tinguis la correcta, utilitza-la.

5) Pensa en com afectarà a la teva vida. Els possibles obstacles que apareixeran i com solucionar-los. T'ajudarà a determinar els beneficis i els inconvenients.

6) Converteix-lo en un hàbit, ha de ser com anar a treballar. Els hàbits s'aconsegueixen després de 21 dies seguits repetint el ritual i als tres mesos, es converteix en rutina.

- El que començo l'acabo i el que he dit, ho faig.

- Visualitza't, pensa i actua com si ja haguessis assolit el teu objectiu.

- Els teus pensaments marquen el camí de la teva vida, si ho penses, actuaràs en conseqüència.

Ara ve el més difícil: mantenir-te motivat.

Com? amb reforços, tant negatius com positius:

El reforç positiu: significa afegir-li alguna cosa a la teva vida. Per exemple, podries consentir-te amb unes postres per haver assolit una meta.

El reforç negatiu: és quan et treus alguna cosa. Si és una cosa que no desitges, pot ser una recompensa. Per exemple, podries permetre't deixar de fer una tasca per una setmana com a recompensa per haver aconseguit un objectiu. La tasca "s'elimina" de la teva vida aquella setmana.

El reforç és més eficaç per mantenir la teva motivació que el càstig. Privar-te de coses o castigar-te per fracassar, pot funcionar en petites dosis.

Si en alguna ocasió decaus i ja no vols seguir, recorda el motiu de per què, per a què vas començar? i com et senties quan t'ho vas proposar?

T´explico la historia de dos amigues perquè ho entenguis millor:

La Lourdes i la Maria: són dues amigues que volen obtenir l'accés a la universitat per a majors de 25 anys:

Decideixen inscriure's a l'acadèmia a on es prepararan per superar els exàmens corresponents. El curs comença al setembre i finalitza al juny, que és quan tenen lloc els exàmens.

Les classes són 3 cops per setmana amb una durada de 2 hores cadascuna. La Lourdes acudeix a totes, no falta a cap ni una. En canvi, la Maria, els dos primers mesos també va regularment, però a partir del tercer, deixa d'anar tan sovint. Posa qualsevol excusa per no anar, està plovent, es troba malament, no té temps, etc. La Lourdes per la seva banda, és conscient de l'esforç que ha de realitzar per obtenir el preuat accés a la universitat i no es deixa distreure per res. És molt constant i quan arriba juny, obté el seu diploma i la Maria, ni tan sols es presenta als exàmens.

La Lourdes va visualitzar com se sentiria un cop aconseguit l'accés a la universitat i el que faria amb ell. Va preparar un sistema que la guiés per poder donar els passos necessaris per aconseguir-ho, a on va marcar els objectius a curt termini i les dates concretes per assolir-los. Li va servir de brúixola per al seu camí.

Quantes vegades has escoltat frases com?: aquest any faré dieta, buscaré una feina millor que la que tinc, obriré el meu propi negoci, estalviaré més diners. Tots aquests propòsits neixen amb les millors intencions, però que per al 90% de la gent, es queda en això, en propòsits.

Aquesta és la causa per la qual la majoria de la gent no assoleix els seus objectius, perquè no tenen un sistema que els guiï per poder donar els passos necessaris fins a assolir-los. No visualitzen.

Si les dones que volen aprimar-se s'imaginessin amb el bikini a la platja i els homes, amb el banyador sense la panxa sortint per sobre, el més probable és que fessin la dieta. Tindrien la imatge en la ment i seria la seva motivació per continuar endavant i no desistir en l'intent.

No disposar d'una metodologia per assolir el teu objectiu és com viatjar i pretendre arribar al teu destí sense disposar d'un mapa, ni de les indicacions precises.

L'Oci:

Què fer en el nostre temps lliure?

L'oci a llarg termini és molt important per mantenir la salut mental. És necessari per tenir la ment clara i poder descansar de les tensions de la vida quotidiana. És important perquè atorga un flux d'energia a la persona. A més de ser una forma d'ocupar el temps lliure, és una forma de socialitzar-se, de crear noves amistats i d'estar amb la família.

Resumint: es un conjunt d'ocupacions a les quals l'individu pot lliurar-se de manera completament voluntària després d'haver-se alliberat de les seves obligacions professionals, familiars i socials. Per descansar, divertir-se i sentir-se relaxat per perfeccionar la seva formació desinteressada, o per participar voluntàriament a la vida social de la seva comunitat.

Es distingeixen dos tipus d'oci, el passiu i l'actiu:

L'oci passiu, és aquell que no aporta res a posteriori, com pot ser veure la televisió. No requereix cap esforç per part nostra, simplement passar les hores mortes.

L'oci actiu, és aquell en el què invertim temps i dedicació per desenvolupar-nos personalment i en el què podem potenciar la nostra creativitat. Per exemple: estudiar o fer esport.

D'aquí la importància de l'oci. Sabent l'efecte regenerador que té sobre el nostre organisme, es podria afirmar que té una relació directa i inversa amb l'estrès. A major oci, menor estrès. Aquest és el motiu de la creació de les vacances, per prevenir l'estrès i altres patologies. No obstant això, encara sabent aquesta relació, cada vegada hi ha més gent diagnosticada de depressió i ansietat.

A causa del ritme de vida consumista que portem a l'actualitat, moltes persones han demanat préstecs als quals no poden fer front i han hagut d'accedir a una segona feina o fer hores extres. Com a conseqüència, no desconnecten i acaben esgotades.

S'han invertit les necessitats bàsiques, ara les persones prefereixen cobrir altres necessitats, abans que les realment importants. Vivim en una societat d'aparences, moltes prefereixen passar gana o fred, però tenir objectes amb els que presumir. Però quan les necessitats bàsiques es descuiden, l'organisme emmalalteix avisant-nos de que alguna cosa no funciona.

El preu a pagar per cobrir altres necessitats, abans que les bàsiques, és molt elevat. Un organisme malalt no permet gaudir de res, així que per moltes possessions que es tinguin, si no es gaudiran, no serveixen de res.

Aparentar:

Per acabar, parlaré sobre ser el que no som. Aquest és el significat d'aparentar. Manifestar el que no es té o no s'és.

L'aparença és un mitjà per aconseguir un objectiu i sobretot limitat en el temps, si s'adquireix com a estil de vida, es torna destructiva. S'adquireix un ritme de vida insostenible en el temps i amb les conseqüències tant econòmiques com mentals que això comporta. Deutes, enveges i malestar generalitzat.

És el cas del jove advocat: volia treballar en el bufet d'advocats més prestigiós de la ciutat.

Per al dia de l'entrevista va llogar un vestit d'Armani, un rellotge de la marca Rolex, unes sabates italianes, un cotxe esportiu i es va reunir amb la direcció. Volia impressionar ambla seva vestimenta. Va aconseguir el lloc de treball i va retornar tot el que havia llogat. Ja ha aconseguit el seu objectiu, ser acceptat al bufet.

Ara, s'inventarà qualsevol excusa per justificar que ja no posseeix el cotxe esportiu ni els diners suficients per vestir d'Armani i anirà a treballar amb vestits més modestos.

Amb totes les històries relatades al llibre, vull subratllar la importància d'estalviar un percentatge dels ingressos. Tenint diners es pot solucionar qualsevol imprevist, com és el cas del jove advocat. Té diners per llogar la seva aparença i amb ella, ha aconseguit la feina que desitja.

Aquest llibre no convida al conformisme, sinó, a lluitar pels teus somnis. Però recorda, si no els aconsegueixes, no passa res. El món no s'acaba aquí, segueix intentant-ho.

Tens l'aliment i l'aixopluc del dia, et pots sentir molt feliç. Si un rodamón és feliç tenint els aliments diaris i una caixa per abrigar-se, imagina't tu, que fas la compra en un súper, tens accés a la sanitat i una casa a on resguardar-te.

"No és més feliç el que més té, sinó, el que encara que tenint-ho tot, no depèn de res per ser-ho".

Relativitza estimat lector!

Recopilatori de les frases motivadores.

1- Mai infravaloris el que has aconseguit.

2- Un simple canvi en la teva vida pot desestabilitzar tot el teu entorn.

3- La sort depèn del punt de vista en què la interpretis, pot ser bona o dolenta.

4- Queixar-se i no actuar crea mal ambient en l'entorn.

5- Tota causa té una part negativa i una altra positiva, enfoquem-nos en la positiva.

6- Per gaudir plenament s'ha de compartir.

7- Treballar el suficient per tenir el necessari.

8- La vida és un regal, no la desaprofitis.

9- Fes de la feina una passió i no una necessitat.

10- No deixis que les coses que vols, et facin oblidar les que ja tens.

11- Reuneix-te amb els teus éssers estimats al menys un cop per setmana.

12- La negativitat no aporta res de nou ni bo.

13- El perquè? et fa ser víctima i el per a què? t'obre múltiples respostes positives.

14- Els altres no poden decidir sobre el nostre estat emocional. Poden influir, però no decidir.

15- Si no has estalviat durant la teva etapa de treballador, no podràs gaudir de la teva etapa de retir.

16- El cos el portarem sempre amb nosaltres i si no volem que sigui una càrrega, cuidem-lo.

17- L'estalvi per a la jubilació, és tan important com el combustible per al cotxe.

18- Quant més guanyis, més diners et quedaran per gaudir.

19- Si repudies als bancs, mai trauràs profit d'ells.

20- El banc no és una ONG.

21- Les tres maneres són igual de vàlides. Tria la que millor s'adapti a tu.

22- No et sentis inferior per tenir menys possessions que els altres.

23- Diners amb mentalitat de pobre i els diners s'esfumen. Mentalitat de ric sense diners i els diners es creen i es multipliquen.

24- *S'ha de pensar amb mentalitat de ric. Guanyis 1.000, 2.000 o 5.000 euros...*

25- *Saber distingir entre deute bo i deute dolent, marca la diferència entre les persones que saben gestionar els diners i les que no.*

26- *La felicitat, és una cosa natural i senzilla, no et compliquis buscant-la.*

27- *La funció de les coses materials és donar-nos llibertat, no esclavitzar-nos.*

28- *Ningú sap el motiu de la vida. Ens porten a aquest món sense demanar-ho i el deixem sense voler-ho. Llavors mentre estiguis en ell, aprèn i gaudeix del procés, sempre somrient.*

Nota de l'autor: et deixo unes pautes de comportament de psicologia inversa, i com el seu nom indica, com és psicologia inversa, fes just el contrari:

Psicologia inversa

- **Avorrir-te:** pensa que la vida és avorrida, no milloraràs mai la teva situació personal i a més, mai canviarà.

- **Practica la ingratitud i la mala educació:** no siguis educat, per què donar les gràcies i tenir un comportament socialment correcte, si la vida només ens porta desgràcies?

- **Viure angoixat pels diners:** pensa constantment que perdràs la teva feina o els teus diners i que no tens suficient per sobreviure.

- **Torna't una persona negativa:** porta la teva negativitat el més lluny possible i no et conformis amb res. Tingues pensaments negatius i expressa'ls constantment, comporta't davant els altres com una persona deprimida, insegura, que sempre està malalta i es queixa per tot.

- **Desconfia dels altres i culpa'ls de les teves desgràcies:** desconfia de les intencions de la gent que t'envolta, ja siguin amics o familiars. Digues que són falsos, que actuen per interès, que se senten superiors a tu i volen enganyar-te o simplement, t'envegen. Si alguna cosa falla en els teus plans, la culpa és dels altres, mai és teva.

- **Glorifica el passat:** qualsevol temps passat va ser millor i el present és clarament una decepció. Quan eres més jove, tot era millor, eren temps de glòria i festa.

www.ingramcontent.com/pod-product-compliance
Lightning Source LLC
Chambersburg PA
CBHW071728040426
42446CB00011B/2260